LES SERVICES

ET

LA SITUATION FINANCIÈRE

DU THÉATRE

La Question des Appareils d'éclairage au Gaz

PERPIGNAN

IMPRIMERIE JULES RONDONY

AUX TANNERIES

—

1880

LES SERVICES

ET

LA SITUATION FINANCIÈRE

DU THÉATRE

La Question des Appareils d'éclairage au Gaz

PERPIGNAN

IMPRIMERIE JULES RONDONY

AUX TANNERIES

1880

LES SERVICES

ET

LA SITUATION FINANCIÈRE

DU THÉÂTRE

Désireux de pouvoir utiliser l'expérience que nous avons acquise pendant le temps que nous avons passé au théâtre comme conservateur, nous avions répondu à l'appel qui nous a été fait de signaler les améliorations à apporter dans les services et à exposer la situation financière de notre scène.

Notre travail, bien qu'incomplet, ne pouvant plus être publié dans un journal, nous nous sommes décidés à le faire imprimer pour l'offrir à ce bon public, habitué du théâtre qui nous a donné en maintes circonstances des preuves de sa sympathie.

Puisse-t-il trouver bon accueil auprès de nos administrateurs qui pourront voir que notre ardent désir et notre préoccupation dans nos fonctions a toujours été d'avoir une place pour chaque chose et de mettre chaque chose à sa place.

Nous accueillîmes notre nomination comme une récompense, c'est aussi une récompense pour nous d'avoir obtenu la concession du Rideau-annonce qui nous permettra de rendre encore quelques petits services.

Comme nous l'écrivions dans un article, nous pourrons blesser dans nos appréciations quelques intérêts personnels, mais nous partons de ce principe, c'est qu'au théâtre, le public paye pour se distraire et être le mieux possible et ceux qui sont payés, pour travailler et donner au public ce qu'il est en droit d'exiger.

Le directeur est chargé du nettoyage de la salle ; à qui est-il confié ? à des femmes qui ont leur entrée au

spectacle. Les loges et baignoires sont balayées par
des personnes étrangères. Dans tous les théâtres c'est
le concierge seul qui est chargé de cela. La direction lui
donne une rétribution et les locataires des loges, des
gratifications. Tous les jours des housses sont placées
par lui, sur les fauteuils, stalles et pourtour des pre-
mières.

Le concierge peut objecter, je n'ai que 400 fr. je ne
puis pas vivre. N'avons nous pas vu, dans ces modestes
fonctions, un honnête père de famille, élever plu-
sieurs enfants, faisant son service à la satisfaction
de tous, puisque son souvenir n'est pas encore effacé
au théâtre, et qu'il peut servir d'exemple à ses suc-
cesseurs. Depuis la création de cet emploi, les con-
cierges n'ont eu que 400 fr. Ils n'ont jamais été aug-
mentés. Petit à petit on leur a enlevé les gratifications
qu'ils pouvaient avoir, en tolérant l'entrée d'étrangers
à l'administration dans leurs attributions. Nous n'avons
pas à en chercher les motifs, mais il y a des gens qui
croient se ravaler en prenant un balai, un plumeau ou
une tête-de-loup, accessoires indispensables au théâtre.

Le concierge du théâtre doit toujours être dans sa
loge, aucune personne étrangère ne doit entrer au
théâtre sans une autorisation du maire.

Le directeur est responsable des dégradations faites
aux décors. Mais qui touche les décors? ce sont les
machinistes, eh bien! est-ce que les machinistes ne
devraient pas réparer immédiatement les accidents. Il
y a aujourd'hui un trou de 5 centimètres, demain il sera
de 10. Il y a un éclat de volige, au lieu de la ramasser
et de mettre un clou, non, on attendra la fin de l'année
au moment de l'inventaire et alors, au lieu d'une réparation de dix sous, il faudra vingt francs, et toute
l'année les spectateurs auront eu devant les yeux des
loques.

Le machiniste est l'homme du directeur, payé par
lui; ne vaudrait-il pas mieux qu'il fût agréé par la ville?
Pourquoi changer lorsqu'on a des hommes honnêtes
et consciencieux? le machiniste est le meilleur des con-
servateurs.

Les conditions essentielles pour un machiniste, sont
d'avoir le goût du théâtre et d'être attaché aux décors,
afin de pouvoir à tout instant dire: prenez garde. Les directeurs passent, le machiniste reste, et un bon machiniste
est l'âme du théâtre. Puisque nous sommes au machiniste, disons un mot du cintre qui est dans le plus triste

état. Pourquoi ne pas y faire une réparation complète? Pourquoi ne pas établir des ponts volants? La machinerie a fait de sensibles progrès et notre théâtre est encore machiné comme lors de sa construction en 1813. Mais, si l'administration municipale consacrait des fonds à la réparation du cintre, qu'elle confie cette réparation à un machiniste; à l'appui de cet avis, je citerai un exemple. Les deux scènes des théâtres municipal et des Variétés ont été construites en même temps, par les mêmes entrepreneurs et les mêmes ouvriers. Pourquoi la scène du théâtre des Variétés est-elle mieux construite? parce qu'on fit appel aux connaissances d'un machiniste qui vint lui-même diriger les travaux de la scène et du cintre.

Le gazier doit être agréé par la ville. Le service du gazier est des plus simples. Dans tous les théâtres, il a un poste où est établi son jeu d'orgue, son rôle ne consiste pas seulement à allumer tous les becs, et puis a assister dans sa loge au spectacle, il doit seconder la mise en scène pour les effets de jour et de nuit, et de même que le machiniste reçoit du régisseur, la plantation du décor, que le donneur d'accessoires la note des accessoires nécessaires le gazier reçoit les répliques que lui indiquent où il doit ouvrir ou fermer ses robinets; ainsi par exemple, à l'entrée de Mathilde dans *Guillaume Tell*. Mathilde est précédée par deux pages, porteurs de deux torches, ce n'est ni la rampe ni la première herse, qui doivent éclairer, c'est la herse qui se trouve sur le plan où sont les porteurs de torches. Je sais très bien qu'on nous répondra: cela ne s'est jamais fait. Le régisseur vient avertir le gazier, aussi qu'arrive-t-il? c'est que souvent le régisseur occupé ailleurs, n'avise pas le gazier et alors, c'est le public qui réclame le gaz, le gaz.

Les villes possèdent généralement un matériel de décors. Les villes d'une certaine importance ont aussi des magasins de costumes. Il ne peut pas en être ainsi à Perpignan.

Il y aurait tout intérêt pour la ville d'agréer un costumier en l'imposant au directeur au chiffre de . . . . . Tous les ans le costumier devrait augmenter son matériel sûr de ne plus être à la merci d'un directeur, le costumier s'attacherait à tenir ses costumes dans un parfait état de propreté et à les renouveler.

Le costumier est en même temps donneur d'accessoires.

Le mobilier de la scène appartient au théâtre, mais quels meubles! L'emploi de tapissier n'existe pas;

aussi voyons-nous dans un palais de tragédie un fauteuil de nos jours, des fauteuils bleus dans un salon rouge, dans un salon riche une table en bois blanc. Comment remédier à tout cela, sans bourse délier ? En agréant un tapissier qui serait tenu d'avoir un mobilier complet. Il est évident qu'il lui faudrait une première mise de fonds, mais pour l'achat, on trouverait bien un tapissier qui, certain de conserver son emploi, consentirait moyennant 5 à 6 francs par soirée à fournir tout le nécessaire.

Perpignan est un des rares théâtres qui ne possède pas un tapis de scène.

Le garçon de théâtre est encore un homme de confiance, il va et vient dans le théâtre. Il est spécialement chargé de balayer l'orchestre la scène et les loges d'artistes. Tous ces employés payés par le directeur, mais agréés par la ville auraient tout intérêt à faire leurs services et si il survenait quelques difficultés, ce serait M. le maire qui interviendrait et prononcerait le renvoi, s'il y avait lieu.

Un magasin de musique complet, offre le grand avantage de permettre au directeur de varier ses spectacles. Les divers crédits votés par le conseil municipal ont permis d'augmenter considérablement le nombre de partitions, Il y a encore des achats à faire, Du reste, si MM. les conseillers municipaux voyaient avec quel soin et quel dévouement est tenue la bibliothèque musicale, ils seraient convaincus que les fonds affectés aux achats ne peuvent pas être mieux employés et ils s'empresseraient de saisir toutes les occasions pour remplir les rayons et combler tous le vides.

La Bibliothèque musicale qui se trouve complètement en dehors du théâtre pourrait être ouverte au public une ou deux fois par semaine.

Nous arrivons au Conservateur. Le mot dit bien qu'il doit veiller à la conservation des décors et machines du théâtre, veiller à ce qu'il n'arrive pas d'accidents. il doit donc avoir une certaine responsabilité et comment l'exiger, si on place sous ses ordres des personnes qui ne tiendront aucun compte de ses observations.

Suivant certaines personnes le conservateur est tout, suivant d'autres et c'est bien regrettable, il n'est rien ; l'expérience ne nous l'a malheureusement que trop prouvé. Quelle autorité peut avoir le conservateur, si commandant un travail, le voyant exécuter, on lui présente un mémoire, qui est exagéré, qu'il signe une réduction à faire et qu'on ne tienne aucun compte de sa signature.

Le conservateur devrait être responsable vis-à-vis de M. le maire de tout ce qui se passe sur la scène et qui est fait par le personnel des employés agréés. Il devrait pour les dépenses prendre l'avis de l'Architecte et n'avoir à recevoir des ordres que de M. le maire et de M. l'Architecte. C'est cette situation que nous souhaitons à notre successeur.

Les services ainsi établis passons au directeur. Mais avant examinons la situation financière qui doit servir de base à la composition de la troupe.

Avant de nous rendre compte des chiffres que nous donnons plus bas, nous pensions et nous étions persuadés comme beaucoup d'habitués du théâtre que le directeur gagnait 10, 12, 15 mille francs. Nous nous disions les artistes ont des engagements doubles. Le directeur n'avoue pas les appointements vrais. Nous nous adressames à des agences lyriques pour demander quels étaient les appointements d'artistes pour une scène de l'ordre de Perpignan. Les chiffres seront plus éloquents que tout ce que nous pourrions écrire et surprendront bon nombre de nos amis qui ont toujours cru que nous exagérions, pour défendre les directeurs.

ANNÉES THÉÂTRALES	NOMBRE de Représentations	RECETTES FAITES AU CONTROLE Déduction faite des frais journaliers (1)	ABONNEMENTS à L'ANNÉE	ABONNEMENTS au MOIS	SUBVENTION	PRODUIT NET
1873-1874	94	43,656 60	18,196 95	7,251 20	8,000	77,104 75
1874-1875	96	40,966 65	15,408 80	6,412 45	8,000	70,487 90
1875-1876	110	46,501 80	17,712 95	6,015 40	8,000	78,230 15
1876-1877	101	43,424 55	17,626 30	7,123	8,000	76,173 85
1877-1878	110	41,902 65	16,883 70	5,181 70	8,000	71,968 05
1878-1879	110	35,086 95	15,839 20	4,705 20	11,000	66,631 35
1879-1880	109	40,330 85	19,639 80	4,655 10	11,000	75,635 75

(1) On entend par frais journaliers : les affiches, les droits d'auteur, les auteurs, le buraliste, les postes, les coiffeurs, les habilleuses, l'éclairage, les appareils, le gazier, les accessoires, les machinistes, le contrôleur, les pompiers. 150 à 160 fr. par soirée.

Il y a encore les artistes en représentation.

Le Cahier des charges imposé au Directeur

1er ténor léger, qui est payé de	1,100 à	1,200 fr.
2me ténor léger —	400 à	450 fr.
1 basse —	500 à	550 fr.
Baryton, --	400 à	450 fr.
Trial (1er comique), —	250 à	275 fr.
Laruette (comique marqué)	200 à	225 fr.
2me basse (3me rôle) —	225 à	250 fr.
1re chanteuse légère —	1,100 à	1,200 fr.
1re dugazon —	450 à	500 fr.
2me dugazon (soubrette)	225 à	250 fr.
Duègne —	225 à	250 fr.
8 choristes hommes —	1,000 à	1,050 fr.
4 choristes femmes —	500 à	550 fr.

TROUPE D'OPÉRA-COMIQUE : 6,575 à 7,200 fr.

1er rôle, qui est payé de	250 à 275 fr.	
Jeune 1er amoureux —	170 à 180 fr.	
2me amoureux —	120 à 130 fr.	
2me comique —	140 à 150 fr.	
Comique marqué —	175 à 200 fr.	
(Père noble)		
1er rôle femme —	250 à 275 fr.	
Jeune première —	200 à 225 fr.	
Ingénuité —	180 à 200 fr.	
2me amoureuse —	150 à 160 fr.	
2me soubrette —	150 à 160 fr.	

TROUPE DE DRAME ET COMÉDIE : 1785 à 1955 fr.

L'orchestre chef et sous-chef....	2,300 fr.
Costumier....................	200 fr.
Garçon de théâtre............	90 fr.
Locations de partitions........	100 fr,
Achat de brochures et copies ...	50 fr.
Souffleur....................	100 fr.
Bibliothèque musique..........	15 fr.
Frais de recouv .des abonnés...	15 fr.
Location d'un piano...........	15 fr.
Frais de patente	50 fr.

2,935 fr.

TOTAL GÉNÉRAL : 11,295 à 12,090 fr.

Voilà les chiffres que coûte la troupe en dehors des frais journaliers : 11,295 fr. par mois. 7 mois font bien 79,065 fr. Comment peut faire un directeur pour gagner de l'argent ? Il s'arrange, dira-t-on. Évidemment. Voilà pourquoi l'administration municipale ne peut pas appliquer le cahier des charges. On doit laisser forcer les spectacles, laisser finir le théâtre à une et deux heures du matin.

Pour ce qui est du directeur, voici ce que dit M. Bouchaud dans son ouvrage sur le théâtre.

« La plupart des villes de province, n'ayant qu'une salle, le public, forcé d'aller à ce seul théâtre ou de se priver d'un plaisir, se préoccupe du *directeur*, dont il doit subir le goût, bon ou mauvais, le savoir ou l'ignorance, la capacité ou l'incapacité.

« En effet, celui-ci en est maître. Il a bien quelques obligations pour la composition de sa troupe, pour son répertoire ; mais il peut faire une *Troupe de carton*, quoique complète ; quant à son répertoire, il n'est tenu qu'à le soumettre au préfet ou au maire, et ceux ci n'ont pas qualité pour en faire le choix, ils ne peuvent qu'élaguer le fruit défendu. »

Du choix de l'administration dépend donc une bonne ou une mauvaise saison théâtrale, et c'est aussi à l'administration à prendre des mesures pour équilibrer le budget du théâtre de façon à présenter aux postulants une situation bien nette qui permette l'application du cahier des charges.

UN ANCIEN CONSERVATEUR.

Monsieur le rédacteur,

Dans votre numéro du 25 avril, dans l'article inti-
!ulé : *Un abus*, il est dit : « La question du gaz et des
appareils qui a amené la démission de M. Vallarino...»
permettez-moi de rectifier ; la question du gaz
n'est entrée pour rien dans ma détermination.

Parmi les coquilles que contient la lettre écrite à
M. Rey, je tiens à en relever une qui peut laisser
croire à une plaisanterie de ma part. Vous me faites
dire : « Je l'aime le service du gazier... » C'est : « Je
laisse le service du gazier, je m'incline devant cette
puissance qui fait le jour et la nuit au théâtre.

Comme employé de la mairie, j'avais été envoyé
chez M, Nomdedeu avecM. Moulis pour lui demander
ses titres et propriété.

Lorsqu'eut lieu l'adjudication des travaux relatifs
aux appareils à gaz, le 2 juin, l'honorable M. Boulan-
ger trouva la soumission de M. Nomdedeu incomplète
et dit qu'elle devait être écartée.

Plus tard, ce fut encore du bureau de l'architecte
que partit une lettre adressée à M. Nomdedeu pour lui
demander à quelles conditions il voudrait bien se char-
ger des travaux.

Ayant donné ma démission, je ne voulais plus m'oc-
cuper de cette question qui avait eu les honneurs d'un
enterrement de première classe. Quatre délibérations
du conseil municipal : 14 mai, 2 juillet, 25 juillet, 28
juillet et un arrêté de la préfecture. Voilà pourquoi
j'ai dit : je m'incline devant cette puissance qui fait
le jour et la nuit.

Ne faut-il pas en effet être puissant pour obtenir que
dans un traité, la ville renonce à exercer aucune récla-
mation au sujet des appareils d'éclairage au gaz
actuellement existant au théâtre, alors qu'il est constaté
que le total général des dépenses faites au théâtre pour,
tuyaux et appareils en dehors du lustre, de la rampe
et du matériel des bals a été de .... 6,671 fr. 31

M. Nomdedeu justifie sa demande en évaluant la
valeur du matériel à.................. 4,800 fr.

4 compteurs .... 1,200 fr.

Lustre et ses agrès............... 3,000 fr.

Deux petits lustres à l'entrée........ 100 fr.

9,100 fr.

M. Ganneron, de Marseille, offre par lettre du 20 janvier, à faire à neuf la canalisation du théâtre, pour la somme de........................... 1,304 fr. 95.
les appareils neufs .... 1,991 fr.

3,295 fr. 95.

A ce chiffre, l'architecte ajoute le prix de la canalisation du lustre qui appartient à la ville .... 300 fr.
Valeur du lustre et des agrès......... ... . 3,000 fr.
4 compteurs .... 1,200 fr.
2 petits lustres .... 100 fr.
La rampe appartenant à la ville......,.... 360 fr.

8,255 fr. 95

Si on déduit les 300 fr. pour la canalisation du lustre et celle de la rampe, 360 fr. .... 660 fr.

Il reste........ 7,595 fr. 95

Si de cette somme on déduit encore la valeur du matériel appartenant à la ville.............. 2,274 fr. 15
on n'aurait à payer que................ 5,321 fr. 80

Ainsi, avec M. Nomdedeu, le matériel revient à 9,100 fr. Avec M. Ganneron, à 5321 fr. 80 dif. **3.778,20.**

Ces chiffres n'ont pas été inventés à plaisir. Il a fallu *72 jours,* du 14 mai au 25 juillet pour les trouver, et il n'a fallu que *148 jours,* du 25 juillet au 20 décembre, pour trouver des considérants à l'arrêté de M. le Préfet ; les voici :

« Considérant que dans l'impossibilité où est la ville de produire les états de fourniture du matériel à gaz, et notamment le procès-verbal dressé en 1845 par son architecte, lors de l'installation première des appareils. Il serait difficile de déterminer d'une manière précise la partie du matériel fournie par elle et la partie fournie par l'appareilleur. »

Mais nous sommes dans un établissement communal, et ne serait-ce pas plutôt à l'appareilleur à produire des titres de propriété ?

Si on avait bien cherché, on aurait trouvé à la date du 18 juillet 1845, une lettre de M. le maire adressée à M. Anseline. appareilleur :

« Le conseil accepte le devis que vous avez présenté pour l'université et le théâtre.. .... Quant au théâtre, vous pouvez canaliser pour les tubes de conduites dans la salle, soit pour la rampe, soit pour les corridors et l'entrée et en ce qui a rapport au lustre, conduisez les tuyaux jusqu'au point de suspension. »

Est-ce que M. Nomdedeu peut montrer un ordre du maire, de l'architecte ? Naturellement, comme le dit M. Nomdedeu dans une lettre à M. l'architecte, « le » 20 août 1869, j'achetai aux héritiers Delhaumeau, depuis cette époque, la ville n'avait jamais contesté mes droits. » On l'avait laissé faire ; tout était à lui. Il le disait, et tout le monde le croyait.

Le 3 septembre 1845, M. le maire écrivait au directeur, pour fixer le prix de l'éclairage à 30 fr. par soirée. Et, petit à petit, ce prix a été porté à 50 fr. 50.

Le second considérant porte « que le sieur Nomdedeu, aux droits de Delhaumeau, a acquis, des héritiers de ce dernier, la plus grande partie des appareils restants, et qu'il en a produit quittance, ce qui rendrait nécessaire, en cas de procès, l'appel en cause et l'intervention des dits héritiers, accroîtrait encore la difficulté. »

Mais pourquoi cette intervention des héritiers Delhaumeau ? La ville a-t-elle à rentrer dans les affaires des particuliers ? Et puis M. Nomdedeu est depuis 10 ans au théâtre. De 1869 à 1879, il a été donné 969 représentations à raison de 15 fr. 50 . . . .   15,049 fr. 50.

Le service du gazier pouvant être fait à raison de 8 fr. par soirée de l'aveu de M. Nomdedeu, il y a donc à déduire . . . . n . . . .   7,752 fr.

Resté . . . . .   7,267 fr. 50.

M. Nomdedeu a donc perçu 7,267 fr. 50 pour entretenir le matériel, faire les changements. Quant aux fournitures, les factures acquittées par lui constatent qu'il a perçu 368 fr. 17.

Il n'y a pas lieu à faire entrer en ligne de compte les bals de Jeudi-Gras, ni les grands bals ; ce matériel était réellement sa propriété et c'est ce qui lui a été vendu par les héritiers Delhaumeau.

Enfin l'arrêté ajoute : « Considérant que cette situation fait naître le désir d'une transaction et la commande même.

« Considérant qu'il résulte des pièces produites, que celle qui a été admise par le conseil municipal est avantageuse pour la ville,

« Arrête, etc. »

Je passe sur les articles du traité, pour m'arrêter à l'art 7 :

« Un état de tout le matériel placé au théâtre, conformément aux indications de M. l'architecte, sera dressé et certifié par M. Aristide Nomdedeu et M. l'architecte. »

Je croyais que les indicateurs s'appelaient en termes administratifs un devis, en a-t-on fait un et en a-t-on dressé l'état ?

Je sais bien qu'il paraissait drôle à certaines personnes qu'on eût choisi pour conservateur du théâtre *un épicier*, épicier soit, je n'ai pas à rougir de ma profession dans les épiceries. Si je défends les intérêts de ceux que je représente les intérêts de la mairie m'étaient sacrés, car c'étaient les intérêts de tout le monde et j'étais payé pour cela. Je ne craignais pas pas lorsqu'il fallait faire la moindre chose de me renseigner et d'arriver à faire le meilleur marché possible.

Avec la maison Gannerons, je n'avais pas hésité de lui demander un engagement, le voici.

Pour le Théâtre de Perpignan

Le lustre destiné pour le Théâtre de Perpignan est en bronze, garni de cristaux et bougies il doit avoir 60 lumières ou becs.

Le lustre pèse environ :

Bronze..............r...	550 kilog.
Tige en fer pour enfillage...	20 »
Cristaux et bougies.........	80 »
Total........	650 kilog.

Le lustre est alimenté par une manche en cuir de 0^m035 de diamètre intérieur garnie de fil de fer roulé en spirale et de 2 raccords en cuivre.

Le lustre est suspendu par 2 câbles en métal de la force de 2 tonnes chaque.

Le tambour d'alimentation est en bois garni intérieurement en cuivre et fer. Il doit avoir $0^m 75$ de long sur $0^m 40$ de diamètre.

2 supports en bois garnis en acier pour l'équilibre de la tige du centre ou pivot.

Le treuil est en fonte de la force de deux tonnes et il pèse environ 250 kilog.

Le montage de toutes ces pièces doit être fait par des ouvriers spéciaux. Ce montage est très difficile et demande beaucoup d'attention pour éviter tous accidents par la rupture d'une pièce ou la mauvais montage du tambour ou du treuil.

13 juin 1879.   J. GUIBBAULD.
                                                   Ingénieur.

A-t-on agi ainsi avec M. Nomdedeu ? il a donné ce qu'il a voulu et on a tout accepté.

Si j'avais demandé le déplacement de la totalité ou d'une partie des compteurs, en voici les motifs.

M. Nomdedeu, ne fait le service de gazier que les jours' de théâtre, les jours de répétition, c'est le concierge, moyennant 3 fr. par mois et une bougie par semaine, il doit tous les jours, descendre sous la scène avec sa bougie pour ouvrir ou fermer les compteurs ; ne valait-il pas mieux établir un compteur près de la loge du concierge, en prenant le gaz à la conduite de la rue de l'Argenterie.

Pour éclairer le corridor et le vestibule ne vallait-il pas mieux mettre un compteur à la porte d'entrée du public, de façon qu'en cas d'incendie, les couloirs et le vestibule restassent éclairés pour permettre au public de s'en aller. Avec le système actuel, un coup de robinet et tout le théâtre serait dans l'obscurité. Qu'on eut laissé sous la scène puisqu'il n'y a pas moyen de faire autrement les compteurs pour le lustre et la scène, c'est M. Nomdedeu et ses employés qui auraient la clef et personne ne pourrait y toucher.

Voilà l'installation qui aurait été faite par la maison Ganneron, et qu'on aille dont voir d'autres théâtres et l'on verra les précautions prises en cas d'incendie ou de panique.

Qu'on considère le théâtre comme un lieu de plaisir, quand on est public, je le comprends ; mais l'autorité a un autre rôle et les employés une grande responsabilité dont je m'estime trop heureux d'être dégagé.

Comment, après être resté pendant 4 ans, cherchant et étudiant à restaurer le théâtre, à réformer les services, voyant qu'on ne tenait aucun compte de mes observations.

J'avais cependant amené. M. le maire et M. Rémorin, voir le théâtre de Béziers, dont la restauration récente n'a coûté que 20.000 fr. (j'ai en mains le décompte) tandis qu'on a dépensé ici plus de 39.000 fr. Pendant trois mois je trouve dans le bureau de l'architecte la plus complète approbation pour l'affaire des appareils, vu les chiffres que j'avais trouvés et qui étaient ignorés de tous, on arrive le 25 juillet avec un traité, (la ville renonce). L'on me met complètement de côté. J'ai beau demander un devis, on me répond : nous laisserons faire, telle était ma situation.

Que me restait-il à faire ? à donner ma démission pour protester et je n'hésitais pas. Je ne voulais pas être complice. Qu'on fasse une enquête, et nous nous expliquerons face à face, car je ne puis pas rester sous le coup d'une accusation d'avoir voulu léser les intérêts d'un père de famille, par esprit de rancune, et quelle rancune pouvais-je avoir contre M. Nondedeu ? Parce qu'il n'avait pas exécuté les ordres que je lui avais transmis ? Mais c'étaient ceux qui m'avaient donné des ordres qui étaient à plaindre Je voulais et ceci par esprit de dignité pour l'administration municipale que le maire fut seul maître au théâtre. Qu'un particulier loue des appareils à gaz, je le comprends, qu'une ville en fasse autant, je ne le comprendrai jamais, parce qu'en agissant ainsi elle annihile son autorité et une preuve. Est-ce que depuis trois ans, M. Coll, chef d'orchestre, a pu obtenir le déplacement des pupitres des cors, des altos et des pistons.

Lorsque M. Tournal, ancien maire, me confia les fonctions de conservateur du théâtre, j'étais complètement étranger aux machines-décors, etc. etc.
Mes titres étaient ceux d'un simple amateur qui avait mis sa voix au service des œuvres de bienfaisance. Je fus obligé de me mettre au courant, de combattre la routine, j'eus recours à des ouvrages de théâtre, je trouvais des circulaires de ministres et dans l'une d'elles il y est dit :

« Les théâtres, considérés sous le rapport de l'art, ne peuvent être indifférents à l'autorité. Bien dirigés, ils offrent les plus nobles délassements à la classe instruite de la société ; surveillés avec soin, ils peuvent répandre de saines maximes et servir des vues utiles. » .

C'était pour arriver à ce résultat que j'avais pris au sérieux mes fonctions. J'aurais voulu tous les employés du théâtre unis et rivalisant de zèle, au lieu de trouver des personnalités qui ne partaient que de leurs droits, sans connaître leurs devoirs.

Le public à Perpignan, aime le théâtre, il aime ce qui est bien, ce qui est beau, ceux qui pensent autrement se trompent, et ce ne sera jamais en le laissant boîte d'exploitations qu'on arrivera à un bon résultat.

Veuillez agréer, Monsieur le Rédacteur, avec tous mes remercîments, l'assurance de mes sentiments affectueux.

Edouard VALLARINO.

Ancien conservateur du théâtre de Perpignan.

Perpignan, le 1er mai 1880.